Jean LHOMER

LES CENT JOURS

ET LA

Terreur Blanche en Dordogne

(D'après des Documents inédits).

PARIS

PAUL CORNUAU, Libraire, 13, Boulevard Haussmann.

1904

LES CENT JOURS

ET LA

TERREUR BLANCHE EN DORDOGNE

(D'après des Documents inédits).

DU MÊME AUTEUR :

Le Général Mouton-Duvernet (1770-1816). 1 vol. in-8 de 16 pages.

Cambacérès Intime, Amoureux et Gastronome, d'après des documents inédits. 1 vol. in-16 de 66 pages.

Balzac dans l'Intimité et les Types de la Comédie Humaine. 1 vol. in-8.

Jean LHOMER

LES CENT JOURS

et la

Terreur Blanche en Dordogne

(D'après des Documents inédits).

PARIS

Chez Paul CORNUAU, Libraire, 13, Boulevard Haussmann.

—

1904

LES CENT JOURS & LA TERREUR BLANCHE

EN DORDOGNE

« Les réactions, c'est le recul des idées ! »
Lamartine (18 juillet 1847).

Le 12 mars 1815, le baron Rivet, préfet de la Dordogne, annonçait en ces termes à ses administrés le retour de l'Empereur :

« Habitants du département de la Dordogne,

« Vous serez tous aussi indignés que surpris en apprenant que Buonaparte, sorti de l'Isle d'Elbe, a débarqué à Cannes avec 1.000 hommes, composés en plus grande partie de Polonais, Corses et Napolitains. J'en étais informé par une lettre du préfet du Var et je doutais encore de cet excès de rage et de folie jusqu'à la réception des actes ci-joints où se montrent également la juste confiance du Roi dans l'amour et l'union des Français qu'il gouverne avec tant de sagesse, et sa prévoyante sollicitude pour le maintien de l'ordre public. Cet ordre ne sera troublé nulle part. Le maire de Cannes a refusé d'obéir à Buonaparte. Son avant-garde, qui s'est présentée aux portes d'Antibes, a été désarmée et arrêtée par le Gouverneur. Pressé par les troupes et les gardes nationales qui marchent à sa rencontre, il se dirige vers Gap, à travers les montagnes, seule direction que lui permette la faiblesse de son escorte. Il faudra qu'il fuie ou qu'il meure en rebelle sur cette France qu'il a trop sacrifiée, trop méprisée pour y trouver des partisans. Sa voix y fut entendue des braves, tant qu'il put les abuser au nom de la gloire et de la prospérité de leur pays ; mais le même sentiment tournera leurs armes contre l'insensé qui, après avoir prodigué leur sang, pour étendre sur toute l'Europe la domination de sa famille, après avoir compromis, par orgueil, jusqu'à notre existence politique, n'a pas su mourir pour se soustraire à la honte et ne reparaît aujourd'hui que pour troubler notre repos et nous ravir les gages de bonheur dont le spectacle fait son tourment.

« Eh ! par quel autre génie que celui du mal pourrait-il être conduit sur nos côtes ? Que voudrait-il de nous ? Qu'attendrions-nous de lui ?

« L'homme qui s'est précipité lui-même du faîte de la puissance ne saurait s'y rétablir. Celui qui, après avoir fait craindre tous les souverains de l'Europe, en a reçu un lieu d'exil, ne peut les braver encore ; celui qui abandonna lui-même un peuple dont il avait lassé la patience et comblé l'infortune ne doit en attendre aucun appui.

« La guerre civile, l'invasion étrangère, l'entière destruction d'un royaume qui ne peut plus être à lui, voilà le seul résultat possible de son entreprise. Que lui importe, pourvu qu'il se venge, qu'il désole, qu'il ravage ! Telle est sa destinée.

« Mais la France n'a plus de sang à répandre pour

lui. Elle est tranquille, elle est libre, elle veut être heureuse à l'abri d'une constitution forte, d'une monarchie modérée et sous l'autorité du plus éclairé, du plus sage et du meilleur des Rois. Il n'y a point de craintes, point d'injustes préventions que ne réprouve l'inflexibilité de ses principes, point de droits que ne consacre sa justice, point d'espérances que n'autorise sa bonté. La sécurité, la reconnaissance et l'amour, voilà les seuls sentiments qu'on puisse éprouver sous le règne de Louis le Désiré. Le père de la Patrie n'aura que des enfants fidèles et dévoués. Les dépositaires de son autorité n'auront ni malveillants à comprimer, ni perturbateurs à punir. Généreux habitants de la Dordogne, vous serez dociles à la voix d'un administrateur dont la loyauté vous est connue.

« Le Préfet du Département de la Dordogne arrête : *La proclamation du Roi, du 6 de ce mois et son ordonnance du même jour, seront, ainsi que l'adresse ci-dessus, imprimées en placards et envoyées à tous les Maires qui les feront publier et afficher, et s'y conformeront en ce qui les concerne.*

« Périgueux, le 12 mars 1815.

« *Le Préfet du Département,*

« Baron RIVET. »

Persuadé de la stabilité du Gouvernement royal, Rivet ne cessait d'accabler Louis XVIII de protestations de dévouement et de fidélité. « Je ne négligerai rien pour justifier la confiance de Sa Majesté », écrivait-il au Ministre de l'Intérieur le 15 mars ; et le 19 il déclarait n'avoir qu'à se féliciter de la sagesse des habitants de la Dordogne.

Le baron Rivet se méprenait singulièrement sur les

sentiments de ses administrés ; ceux-ci étaient restés attachés aux glorieux souvenirs de l'Empire et avaient manifesté plusieurs fois leur peu d'amour pour les Bourbons ; on l'avait bien vu, le 25 août 1814, jour de la Saint-Louis, quand la musique de la Garde nationale de Périgueux avait refusé de jouer au *Te Deum* (1). Aussi, à la nouvelle du débarquement de l'Empereur, un grand enthousiasme s'empara des habitants : les portraits de Napoléon foisonnaient aux étalages. On chantait, à Périgueux, des chansons injurieuses pour le gouvernement royal ; des bandes d'anciens militaires parcouraient les rues en criant : « Vive Napoléon, le sauveur de la France ! » et « Vive l'Empereur ! » Le sous-préfet de Nontron, Trompéo, se ralliait à la cause impériale, et la petite ville arborait le drapeau tricolore.

En présence de cette exaltation qu'il était loin de prévoir, Rivet, très inquiet, réunissait d'urgence le Conseil général de la Dordogne qui votait un don patriotique de 2.500 francs, pour repousser l'Usurpateur, en invitant les citoyens à en faire autant ; il décidait aussi de mettre en état d'arrestation le sous-préfet de Nontron. Mais les événements marchaient plus vite que les décisions du Conseil général de la Dordogne. Déjà la moitié des officiers de la garnison de Périgueux arborait la cocarde tricolore ; trois cents d'entre eux se réunissaient au cri de « Vive l'Empereur ». (2) Enfin le 27 mars, à trois heures et demie de l'après-midi, un exprès venu de Paris apportait à Périgueux la nouvelle officielle de

---

(1) *Lettre de Souham à Dupont, citée par Houssaye. 1815-I-p. 55.*

(2) *Lettre du chef de bataillon Léger au sous-préfet de Nontron, 27 mars 1815. A. N. ; F⁷ 9651.*

l'entrée de Napoléon dans la capitale et du rétablissement de l'Empire. Tandis que le Préfet hésitait encore
à se prononcer, le peuple ornait les édifices de drapeaux
tricolores, chantait la Marseillaise et faisait sonner les
cloches à toutes volées (1) ; le lieutenant général Souham
et le maréchal de camp Pinoteau haranguaient les troupes et criaient « Vive l'Empereur » ! — C'est au milieu
de cette effervescence et d'une population enthousiaste
que le baron Rivet reçut, à dix heures du soir, un message du gouvernement impérial.

Le 28 mars, dès la première heure, le Préfet accompagné de Pinoteau, des autorités civiles et militaires,
escorté de la garde nationale, faisait lire à haute voix
sur la place de l'Hôtel des Postes les proclamations de
Napoléon ; il parcourait ensuite la ville aux sons d'une
nombreuse musique, précédé de quatre gardes nationaux portant le buste de l'Empereur. Quelques heures
après, les habitants de Périgueux pouvaient lire sur les
murs la proclamation suivante du Préfet, qu'il est très
suggestif de rapprocher de celle qu'il avait adressée
quelques jours plus tôt à ses concitoyens :

« Citoyens,

« Le Gouvernement Impérial est rétabli. L'Empereur
est rentré dans sa capitale aux acclamations du peuple
et de l'armée. Il éleva la France au faîte de la gloire ; il
la couvrit d'éléments de prospérité ; qui, plus que lui,
peut faire son bonheur ?..... La crainte de la guerre
étrangère comprimait cette pensée. Mais la guerre civile
n'est plus à craindre. Que tous les cœurs se dilatent à

---

(1) *Rivet au Min. de l'Intérieur, 28 mars 1815. A. N. ; F⁷ 9651.*

ces sublimes paroles de l'Empereur : *Tout ce que des individus ont fait, écrit ou dit, depuis la prise de Paris, je l'ignorerai toujours.* Voilà la règle de notre conduite ; notre union préviendra même la guerre étrangère, car les souverains savent qu'ils ne nous ont pas vaincus et l'Empereur n'a pas besoin de rétablir la gloire de ses Aigles, que n'a pu ternir la trahison. La seule gloire qu'il puisse ambitionner est celle de féconder toutes les sources de bonheur dont le premier gage est dans l'établissement des droits sacrés pour lesquels nous avons combattu 25 ans et que consolide à jamais la volonté de l'Empereur et les actes qui ont marqué son retour triomphal.

« Citoyens ! plus d'arrières-pensées ! plus de prétentions injurieuses, plus de sentiments pénibles ; que la sécurité, que la bienveillance vous réunissent tous ! Que rien n'altère votre joie !

Vive l'Empereur ! »

Le Préfet de la Dordogne datait sa proclamation du 25 mars, c'est-à-dire du jour où il n'avait pas encore pris parti, en réalité il l'avait rédigée seulement dans la nuit du 27 au 28, quand il n'y avait plus aucun danger à se prononcer pour Napoléon. Aussi le sous-préfet de Nontron, qui avait son franc-parler, lui écrivait avec ironie :

« Je vais faire afficher votre proclamation à qui l'imprimeur a donné par une erreur bien saillante la date du 25 .... Il y a plusieurs jours que ce pays a eu le courage de se prononcer et de faire éclater la plus grande joie pour l'heureux changement qui s'est opéré. Le gouvernement a été instruit au moment du danger de tout ce qui se passait autour de moi, ainsi que de la mesure que le Conseil général du département voulait prendre contre moi ». (1)

La situation du baron Rivet était très délicate ; il avait à craindre de se voir révoquer pour avoir mis si peu d'empressement à se rallier au gouvernement impérial. Il crut donc nécessaire d'expliquer sa conduite et il écrivit au ministre de l'intérieur :

« Il est impossible, Monseigneur, que dans cette mémorable circonstance, personne se soit trouvé dans une position plus difficile que la mienne. J'avais été Préfet de l'Ain à Bourg, à l'époque de l'invasion par les puissances alliées ; j'y exposai plusieurs fois ma vie pour le service de l'Empereur qui daigna récompenser mon zèle par le titre d'officier de la Légion d'honneur. Mon dévouement m'y attira les persécutions de la noblesse et je fus appelé dans le département de la Dordogne par le vœu de ses habitants qui avaient déjà éprouvé mon amour de la justice et de mes devoirs.

« Entouré ici de beaucoup d'hommes actifs et ombrageux, soupçonné du gouvernement qui vient de finir, j'ai été forcé d'outrer mes actes apparents et ma correspondance pour dissimuler dans ces derniers temps mon inaction réelle ou plutôt les entraves dont je m'entourais. La tranquillité a été le seul but et le résultat de mes soins.

« J'ai des enfants ; je ne pourrais fournir convenablement à leur éducation avec une médiocre fortune que j'ai diminuée dans l'exercice de mes fonctions

---

(1) *Lettre de Trompéo au Préfet de la Dordogne, 30 mars 1815.* A. N. ; F⁷ 9651,

depuis 15 ans ; cette seule considération a prévalu sur ma répugnance à les conserver depuis un an. Je ne les continuerai aujourd'hui que par le désir de mériter les bontés de l'Empereur, de qui seul, j'ai reçu des bienfaits, et de servir en même temps une cause qui fut toujours la mienne ». (1)

Napoléon ne garda pas rancune à Rivet et le laissa à son poste ; Cambacérès d'ailleurs avait pris sa cause en main ; il se souvenait sans doute de l'obligeance que le préfet avait mis jadis à surveiller l'envoi des victuailles destinées à figurer sur sa table d'archichancelier. Pendant tout l'Empire une correspondance culinaire et gastronomique très suivie avait eu lieu entre le baron Rivet et Cambacérès ; en voici un exemple à titre de curiosité : (2)

« Monseigneur,

« J'ai l'honneur d'informer Votre Excellence, qu'à l'invitation de M. Cauia, j'ai chargé un marchand de comestibles de cette ville, d'expédier à votre adresse deux dindes aux truffes ; elles ont été remises au courrier, faute de diligence directe, et ne pouvaient être envoyées par Paris sans courir le risque de se gâter. Elles arriveront donc en même temps que cette lettre ; je désire qu'elles soient bien conservées.

« Je prie Votre Excellence d'agréer l'hommage de mon profond respect.

« Le baron RIVET.

« Périgueux, le 19 décembre 1809. »

---

(1) *Lettre de Rivet au Min. de l'Intérieur. Périgueux, 27 mars 1815. A. N. ; F⁷ 9651.*

(2) *Lettre de Rivet à Cambacérès — Collection particulière.*

Grâce à ces petits services rendus autrefois, Rivet resta donc à la tête du département de la Dordogne ; tandis qu'une lettre du ministre de l'intérieur venait rassurer le préfet, un décret impérial appelait au commandement de la vingtième division militaire, dont le siège était à Périgueux, le général Lucotte (1).

Lucotte avait toujours témoigné d'un grand dévouement pour l'Empereur ; en 1814, lors de la défection de Marmont, au moment où bien des consciences fléchissaient, il écrivait à Napoléon : « Sire, je ne sais plus à qui m'adresser. La division que je commande me suivra. Daignez m'indiquer mon chemin. Je suivrai toujours celui de l'honneur et de la fidélité. » (2). C'est lui aussi qui, le 5 avril 1814, rédigea cet ordre du jour à Corbeil : « Les braves ne désertent jamais ; ils doivent mourir à leur poste » (3).

Lucotte entra à Périgueux le 29 mars à deux heures de l'après-midi.

La Dordogne presque toute entière avait accueilli avec beaucoup d'enthousiasme le rétablissement de l'Empire. La ville de Bergerac seule restait hostile ; le drapeau tricolore était accueilli très froidement et les écrits séditieux y étaient reçus avec faveur.

Dans ses rapports adressés quotidiennement au ministre de la guerre, Lucotte dépeint très bien l'état d'esprit du département. Les généraux, les officiers, les soldats, la gendarmerie sont entièrement dévoués à

---

(1) *Né le 30 octobre 1770 à Créancey (Côte-d'Or) Lucotte avait épousé la fille du marquis de Corberon. Il mourut le 21 septembre 1825 à Pont-sur-Saône.*

(2) *Lettre du 4 avril 1814 citée par Houssaye-1814 page 609.*

(3) *Ordre du jour du 5 avril — Id.*

Napoléon ; le peuple est tout à la joie et lit avec avidité cette proclamation que vient de faire afficher Lucotte :

« Citoyens,

« Vous savez que l'Empereur Napoléon était rappelé par les vœux de toute la France, qu'il est arrivé en triomphe dans sa capitale le 20 mars dernier ; vous savez que partout, les bons citoyens crient avec enthousiasme : Vive l'Empereur ! Vous savez que les couleurs nationales sont arborées sur toute la surface de l'Empire ; et dans un petit coin de cet Empire, il y a encore des Français qui n'ont pas osé crier : Vive l'Empereur !

« Bordeaux influencé, trompé par un petit nombre d'individus que la France repousse de son sein, Bordeaux a reconnu son erreur le premier avril ; et dans le département de Lot-et-Garonne, on trouve des indifférents qui obéissent aux agents d'une dynastie morte à jamais, à des princes dénaturalisés, ramenés parmi nous par nos ennemis.

« Entendez le cri d'allégresse de tous les Français rendus à la gloire, à l'honneur, à leurs droits ; repoussez les perfides insinuations, les grossiers mensonges d'une faible bande d'émigrés rentrés avec le secours de l'étranger ; hâtez-vous de vous réunir à la masse de la grande Nation, et reconnaissez sans retard ou que l'on vous a trompés ou qu'on a comprimé votre élan.

« Non, Français, non, vous ne voulez pas devenir les serfs de ces prétendus nobles aussi lâches qu'insolents ; vous ne voulez plus être écrasés par les droits féodaux, par la dîme, ni être attelés pour labourer la terre, ni payer les droits du Seigneur.

« L'Empereur nous apporte l'égalité des droits légitimes ; il veut faire respecter la France qu'on voulait avilir ; il l'a dit, croyons à sa parole sacrée : son génie renonce à des conquêtes qui coûtent trop de sang.

« Arborez ces couleurs tricolores, ces couleurs nationales avec lesquelles nous avons mérité l'admiration et l'estime du monde ; criez : Vive l'Empereur ! et vos dangereux ennemis vont disparaître comme la fumée que le vent dissipe.

« L'armée tout entière, tout le peuple, ce bon peuple que méprise un misérable et petit parti d'émigrés rentrés, tous les citoyens se rangent autour de leur Empereur ; je vous le répète pour vos propres intérêts, hâtez-vous de vous unir à vos frères.

« Nous sommes les plus forts ; mais soyons les plus généreux. Gardez-vous de nuire à la plus belle des causes en écoutant des sentiments de vengeance... Laissez faire ces hommes qui veulent la guerre civile, qui sacrifieraient la France à leurs ambitions ; qu'ils retournent chez l'étranger ; l'étranger les attend avec mépris.

« Napoléon le Grand veut que cette heureuse révolution ne coûte pas une seule goutte de sang.

« Castillonès, Lougratte et d'autres communes se sont bien conduites ; l'Empereur le saura.

« Périgueux le 3 avril 1815.

« Aimé LUCOTTE. »

Les préventions de Lucotte contre les émigrés rentrés n'étaient que trop justifiées ; ceux-ci cherchaient par tous les moyens possibles à allumer la guerre civile ; ils essayaient d'ébranler la fidélité du général Souham qui repoussait avec fierté les offres qu'on lui faisait. Le clergé engageait les soldats à déserter et menaçait des peines de l'enfer les paysans qui se ralliaient à Napoléon :

plusieurs prêtres refusaient de chanter le *Domine salvum fac imperatorem;* d'autres en psalmodiaient les paroles sur l'air du *De Profundis.*

« Vigueur, prudence et générosité sont les mots de ralliement que je donne », écrivait Lucotte au Ministre de la guerre le 4 avril 1815, et, de fait, il ne s'écarta pas de cette règle de conduite ; il ne cessa, pendant toute la durée de son commandement, de se montrer équitable et modéré.

Quand l'Empire tomba pour la seconde fois, Lucotte se conduisit avec une grande dignité : sans s'abaisser à rechercher la faveur du nouveau gouvernement par des bassesses, sans faire l'éloge dithyrambique de la royauté, il annonça, le 17 juillet, la nouvelle du rétablissement des Bourbons en termes très brefs, ajoutant ces simples mots : « Je vous dirai, et vous entendrez cette salutaire vérité : les militaires obéissent et ne délibèrent pas. »

Le baron Rivet, préfet de la Dordogne, dont nous avons raconté plus haut les tergiversations, et qui d'ailleurs pendant les Cent Jours se tint absolument coi, n'eut pas à annoncer à ses administrés pourquoi il changeait d'opinion pour la troisième fois. Le baron Didelot venait en effet d'être nommé préfet à sa place.

Pendant les premiers jours qui suivirent la chute de l'Empire, si la Dordogne ne fut pas le théâtre de scènes violentes et sanglantes pareilles à celles qui se déroulèrent dans d'autres départements, elle le dut à la sagesse de Didelot et au noble caractère du général Lucotte.

Malheureusement, Didelot et Lucotte ne tardèrent pas à être remplacés, le premier par le comte Louis-Joseph du Hamel, le second par le lieutenant-général d'Armagnac.

Le comte du Hamel incarne à merveille le type du préfet de la Restauration, voyant des conspirateurs partout, et s'indignant sans cesse avec véhémence contre le mauvais esprit de la Révolution. Pas méchant au fond, mais tracassier, important, remuant, Du Hamel, à peine arrivé à Périgueux, le 31 août 1815, annonçait à qui voulait l'entendre sa ferme intention de mener ses administrés tambour battant. On pouvait, disait-il, compter sur lui pour surveiller les Lamarque, les Pinet, les Taillefer, « régicides sans remords », le lieutenant-général Pinoteau, point d'appui des factieux, et le sieur Trompéo, ancien sous-préfet de Nontron.

Voici d'ailleurs quelques passages de la proclamation que Du Hamel faisait afficher dans tout son département et qu'il envoyait à Paris, pour faire montre de son zèle :

« Un seul parti doit exister en France, celui des fidèles serviteurs des Bourbons. Le Périgord, célèbre par sa fidélité, la loyauté de ses habitants, n'offrira pas à la punition des lois, à ma rigoureuse surveillance, des Français indignes de ce nom, des traîtres partisans de l'étranger et de la révolte..... L'autorité légitime, qui n'entreprendra jamais de guerres injustes, qui laissera le fils unique à la veuve, l'époux à sa femme, qui n'emploiera jamais les conscriptions, les réquisitions de toute espèce, les garnisaires, qui offre des garanties inviolables à tous les propriétaires et aux droits de tous les citoyens, par une Charte constitutionnelle, est pour nous et nos enfants ce qu'elle fut pour nos pères, un gage assuré de félicité. Que ces étrangers amenés deux fois dans la France par les crimes de l'usurpateur, auxquels il a seul appris le chemin de Paris, retournent dans leur Patrie, convaincus de notre union et de notre dévouement à nos Princes légitimes, seule garantie du repos de l'Europe,

« Habitants de la Dordogne, tous mes moments vous sont consacrés ; j'appelle vos conseils, je vous remercierai des biens qu'ils me mettront à même de vous faire. Honoré des regrets du département que je quitte, puissé-je aussi mériter votre confiance, votre attachement ; soigner vos intérêts, c'est bien servir notre Roi. Ma récompense la plus douce sera d'entendre vos voix s'unir toutes à la mienne pour répéter ce cri national, gage de notre tranquillité : Vive le Roi ! Vive à jamais la dynastie auguste des Bourbons ! »

A en croire cette proclamation pompeuse et boursouflée, les heureux administrés du comte Du Hamel allaient goûter un bonheur sans pareil sous ses regards satisfaits. Mais tout de suite des nuages apparurent dans ce ciel bleu. Le préfet aurait voulu se réserver la nomination des officiers des légions départementales, et l'autorité militaire n'émettait-elle pas la prétention de nommer elle-même ces officiers ! Aussi Du Hamel s'empresse-t-il d'adresser au Ministre de l'Intérieur cette véhémente protestation le 2 septembre 1815 (1) :

« Il ne faut pas mettre un instant en doute, que si les inspecteurs généraux sont pris dans les officiers généraux de la Révolution, il y aura, pour mille motifs trop longs à déduire, mais auxquels votre longue sagesse suppléera aisément, il y aura, dis-je, dans le choix des officiers, au moins une complaisance bien dangereuse et souvent coupable ; on ne peut avoir oublié que hier, l'autorité administrative aurait sauvé la France, si l'autorité militaire ne l'avait écrasée ; notre pénible

---

(1) *A. N.; F⁷ 9651.*

expérience aurait pu être employée pour désigner aux inspecteurs généraux les officiers de notre département, en demi-solde ou autres, qui doivent entrer dans les légions départementales et repousser dans l'oubli des traîtres, des chevaliers de Saint-Louis, qui ont foulé leurs décorations illustres et qui reparaissent sur les rangs avec la candeur de l'innocence. Je ne puis douter, Monseigneur, que plusieurs d'entre eux vont être réemployés de nouveau ; je l'entends dire sous le prétexte que les sujets en officiers manqueraient pour ces légions si on en excluait tous ceux qui ont faussé leurs serments. Prétexte faux ! Assertion coupable ! Heureusement pour le Roy et pour la Patrie que nous sommes encore riches en bons Français ! Mais il faut choisir. Les préfets ont les moyens de le faire et n'ont aucune considération particulière à ménager ; toutefois en séparant avec sagesse l'erreur du crime. Ces légions départementales bien composées sont l'espoir et la force de la France, mais si leur composition est manquée, les principes futurs de trouble et de révolte seront réorganisés.

« Il ne faut pas se dissimuler : l'immense majorité des militaires est encore animée de l'esprit du 20 mars.

« J'en acquiers mille preuves chaque jour, il influe d'autant sur celui des campagnes. Je dois à la vérité, à mon devoir, de dire que le rapport sur l'état de la France attribué à S. E. le ministre de la police fait le plus triste effet ; il se distribue avec profusion, probablement tronqué ; on y ajoute une prétendue réponse du Roi qui annonce que, d'après les conseils de ce rapport, il va se retirer à Vincennes, et aviser au choix d'un successeur qui sauvera la France. Cette dernière imposture surtout alarme les esprits bons, mais faibles, mais donne de coupables espérances aux malveillants qui tournent tout au profit du crime. Différents rapports de mon département disent que ces malveillants, malheureusement trop nombreux, manifestent au sujet de ce rapport et de cette prétendue réponse une joie féroce et le plus coupable espoir. On parle aussi d'une prétendue protestation de l'archiduchesse Marie-Louise. Je suis à la recherche de ce dernier libelle qu'on m'assure avoir déjà été saisi à Bordeaux.

« Je soumets aux réflexions de Votre Excellence celles que vient de me suggérer le tableau de ce qui est sous mes yeux, relativement à la composition des Légions ; je les crois urgentes. En attendant et malgré que notre autorité n'intervienne pas dans les choix et désignations d'officiers, je viens d'inviter Messieurs les Sous-Préfets à me désigner les officiers fidèles, demi-soldes et autres qui sont dans leurs arrondissements et je les ferai connaître à l'Inspecteur général chargé du travail d'organisation.»

Cette lettre ne fut nullement du goût du Ministre de l'Intérieur qui répondit assez vivement à son subordonné (1) :

« Je regrette de vous voir admettre la supposition que Son Excellence le Ministre de la Guerre pourrait ne pas choisir des officiers généraux fidèles et dévoués pour présider à la formation de l'armée. Ce n'est pas à un magistrat à concevoir des idées de ce genre sur la conduite des hommes que le Roi a honorés de la plus haute confiance. »

Cette mercuriale aurait dû calmer, semble-t-il, le zèle du préfet de la Dordogne. Il n'en fut rien. Du Hamel

------

(1) *A. N. F⁷ 9651.*

écrit lettre sur lettre pour dénoncer le mauvais esprit des officiers. — Il en est un surtout dont le nom revient sans cesse dans ses rapports : c'est le maréchal de camp Pinoteau. Chose assez étrange, Pinoteau, qui sous le Consulat avait été un des partisans de Moreau, et comme tel incarcéré au Temple et destitué de son grade en 1802, s'était transformé en ardent bonapartiste sous l'Empire. Quand on parcourt la correspondance de Du Hamel, on constate que Pinoteau est la bête noire du préfet de la Dordogne qui le représente comme un esprit détestable, excitant les soldats et leur donnant les plus funestes conseils ; aussi est-il urgent d'éloigner ce partisan de Buonaparte, qui, suivant l'expression imagée d'un rapport de police de l'époque, « portait au fond du cœur l'aigle et la cocarde tricolore ». Du Hamel ne se tint pour satisfait que le jour où le Gouvernement de la Restauration envoya Pinoteau en exil à la Rochelle (1).

Que de sujets de tracas, d'ailleurs, pour ce pauvre préfet ! Un tailleur de pierres n'a-t-il pas l'audace de se rendre devant l'Eglise de Sainte Maime de Pereyral, le jour de la fête patronale, et de crier de toutes ses forces, en ôtant son chapeau : « Vive l'Empereur ! » au moment où l'officiant donne la bénédiction du Saint-Sacrement (2). Aussi le préfet de la Dordogne déplace-t-il beaucoup de maires et d'adjoints qui « coloraient de leurs funestes idées celles de leurs simples administrés ». Du Hamel est un grand partisan de l'épuration. « La Gendarmerie a besoin d'être épurée, car à côté de sujets fidèles il y a

____

(1) *Gilbert-Augustin Thierry. Conspirateurs et gens de police. Le complot des libelles, page 247.*

(2) *Lettre du Préfet de la Dordogne au Ministre de l'Intérieur. A. N.; F7 9651.*

de mauvais sujets. » Il en est de même du corps des percepteurs, mais Du Hamel fait remarquer qu'ici « il convient de faire l'épuration avec prudence, pour ne pas ralentir le mouvement des contributions ».

Et malgré ces preuves d'amour pour ses administrés, n'ose-t-on pas l'injurier, lui, Du Hamel, magistrat bon et intègre, et répandre contre lui des pamphlets abominables dans lesquels on ose dire qu'il considère son département comme en état de rébellion ! Mais son Ministre lui écrit qu'il est urgent de punir une telle agression et que le Gouvernement le soutiendra. Très fier, Du Hamel, fort de l'approbation reçue, s'apprête à montrer sa fermeté et son énergie, quand un événement imprévu modère cette ardeur belliqueuse et remplit d'angoisses son âme royaliste. Un régiment de chasseurs à cheval de la Vieille Garde vient d'arriver à Périgueux où il doit être licencié, mais il donne des marques d'insurrection. « Dans cette petite ville où il y a beaucoup de fédérés, et surtout un esprit très douteux, aucun moyen de le réduire n'est offert : au contraire, ils trouveraient des auxiliaires. » Affolé, Du Hamel demande à Bordeaux 4.000 hommes de secours. — Ce n'était pourtant qu'une fausse alerte ; il n'y eut pas de sang versé et le préfet put reprendre en toute tranquillité son œuvre de tracasserie.

Ces événements avaient achevé d'indisposer Du Hamel contre les militaires qui, en général, manifestent « une extrême froideur pour la bonne cause » et dont les secrets sentiments ne sont que trop aisés à expliquer ». — Aussi n'hésite-t-il pas à considérer comme l'œuvre d'un « militaire fanatique » le placard suivant qu'on vient de trouver affiché sur les murs de Bergerac :

« Les Royalistes ont les symptômes fébriles qui se

convertiront en fièvre quarte, tierce, intermittente, quotidienne, en agonie et après en mort. — Vive l'Empereur, qui est à Vienne et qui vient à grandes journées ! Vive le grand Napoléon ! — A bas le Porc Frais. »

Du Hamel n'hésite pas à mettre sous les verroux tous ceux qui lui semblent montrer de la tiédeur pour la bonne cause ; c'est ainsi qu'il fait emprisonner un cordonnier contre lequel il reconnaît ingénument qu'il n'y a aucune charge probante, mais qui doit être arrêté comme mauvais sujet, c'est-à-dire comme bonapartiste.

Le tribunal de Sarlat est une source de tracas pour le préfet, car il est indépendant et ne prononce pas les condamnations que l'on voudrait obtenir de lui ; mais en changeant l'un après l'autre ses juges, on arrivera peut-être, conseille Du Hamel, à le rendre « digne de confronter celui de Bergerac ». En attendant, « le tribunal de Sarlat en entier, excepté le sieur Pigeon, juge d'instruction, père de deux gardes du corps, offre encore le pénible spectacle d'une réunion de fédérés buonapartistes investis du droit de défendre la cause des Bourbons. » (1)

A partir du mois de novembre 1815, la Dordogne donne des signes d'agitation. La nouvelle du procès du maréchal Ney soulève une très vive indignation : « Je ne puis laisser ignorer à Votre Excellence », écrit Du Hamel au ministre de l'intérieur, le 21 novembre, « que je ne suis nullement satisfait de l'esprit public, des opinions politiques que m'a manifestées le lieutenant-général Nourri, inspecteur général d'artillerie qui est venu licencier ici le train d'artillerie et qui est chargé

____

(1) *Du Hamel au Min. de l'Intérieur, 8 novembre 1815. A. N. ; F7 9651.*

de la même opération dans les Deux Charentes. Il commandait l'artillerie à Mont Saint-Jean et ne m'a pas paru oublier le maître qu'il servait alors.

« Les prévenus de délits politiques que j'avais fait arrêter et qui étaient traduits devant le tribunal de Sarlat, viennent d'être tous acquittés faute de preuves, sauf six qui ont été renvoyés devant la cour d'assises, les témoins n'ayant pas soutenu leurs premières dépositions ; ce n'en sont pas moins de très mauvais sujets que le tribunal n'aurait pas dû relâcher sans m'en prévenir puisque je les avais fait arrêter ; c'est une espèce de démenti donné par la justice à la police ; il conviendrait qu'en pareil cas l'autorité qui a fait arrêter soit prévenue de la relaxance ; au reste j'ai depuis longtemps fixé S. E. le garde des sceaux sur la composition de ce tribunal, tout composé de fédérés, moins le juge d'instruction. »

De nombreux symptômes d'hostilité au gouvernement se manifestaient dans le département : on arrachait des édifices publics le drapeau blanc, pendant la nuit ; on chantait des chansons attentatoires à l'autorité du Roi ; on portait la cocarde tricolore sous la cocarde blanche.

Le ministre de la police avait beau recommander de détruire tout ce qui pourrait rappeler le gouvernement de l'Usurpateur (1), l'esprit de la population ne se modifiait pas ; on refusait le paiement des impôts ; le peuple espérait que des troubles se produiraient à la faveur desquels Eugène de Beauharnais serait régent jusqu'à l'avènement de Napoléon II (2) : « L'évasion de Lavallette produit un singulier effet de satisfaction

---

(1) *A. N.; F⁷ 9651. Du Hamel au ministre de l'intérieur. 28 nov. 1815.*

(2) *A. N.; F⁷ 9651. Du Hamel au ministre de l'intérieur. 10 déc. 1815.*

parmi le parti ; cependant ils affectent de répandre que cette évasion a été favorisée à cause du grand nom de Lavallette. Cette étrange méprise, qu'il serait peut-être bon de relever dans les papiers publics, a du crédit sur le vulgaire qui ne manque pas d'en faire un point de comparaison avec Ney (1). ».

A la fin de 1815, Du Hamel, dont les récriminations incessantes contre le ministre de la police avaient sans doute fini par agacer le gouvernement, fut remplacé par le baron de Montureux.

Comme son prédécesseur, le nouveau préfet ne tarde pas à se rendre compte de l'esprit qui anime le département de la Dordogne. Cet esprit, d'après lui, est l'œuvre d'une classe adroite qui comprend une partie des officiers judiciaires, des avocats, des huissiers, notaires, percepteurs et médecins : « Leur signe, pour se reconnaître, est de se prendre la main droite, et de s'entrelacer les doigts de manière à former une N en se demandant : Le drap est-il bon teint ? Oui, teint en laine. — L'idole qu'ils paraissent encenser est Carnot » (2)

Les fausses nouvelles alarment sans cesse la tranquillité des campagnes ; tantôt « Bonaparte est entré en France avec nombre de troupes », tantôt « le Roi est assassiné par suite d'une conspiration. »

Montureux cherchait par tous les moyens possibles à mettre la main sur les auteurs de ces bruits alarmants ; dans une proclamation qu'il adressait à ses administrés, il terminait en ces termes :

« Redoublez de zèle et d'énergie ; recherchez avec moi les factieux qui s'agitent dans l'ombre ; osez les dénon-

------

(1) *A. N.; F⁷ 9651. Du Hamel au ministre de l'intérieur. 28 déc. 1815.*

(2) *A. N.; Montureux au ministre de l'intérieur. 12 Janvier 1816.*

cer à vos magistrats. Hé quoi ! si on apprend qu'on trame contre un ami, on s'empressera de l'en prévenir, et on garderait un coupable silence sur les projets ourdis contre le gouvernement qui est le gage du salut de tous ? Le vaisseau de l'Etat renfermerait des conspirateurs qui tenteraient de l'engloutir dans l'abîme, et nous n'en instruirions pas le pilote ? Ne nous endormons point sur la justice de notre cause ; amis du Roi, de la patrie et de l'ordre, aidez-moi à connaître ces hommes pervers dont l'audace effrénée a laissé tant de monuments de leurs homicides fureurs, qui regrettent leur puissance et qui forment le désir effréné de la ressaisir. Leur cause est perdue à jamais » (1).

Monsieur de Montureux organise tout un service d'espionnage pour avoir des renseignements ; un de ses agents se déguise en colporteur, un autre en maçon, un autre encore en marchand de vins « qui voyage comme pour faire des emplettes » (2). Ce sont ces agents qui lui apprennent que l'Evêque de Périgeux est méprisé de tous et n'a aucune influence sur le clergé ; c'est par ces mouchards qu'il sait que le régicide Taillefer, avant de partir pour Genève s'est fait recevoir franc-maçon, et que tous les francs-maçons de Sarlat se sont réunis à cet effet. Et le préfet remarque : « Je crains que cela ne lui procure des moyens de correspondance, mais dans tous les cas, ces sociétés exigent une attention particulière du gouvernement » (3).

Cette inquiétude au sujet de l'action de la franc-

---

(1) *A. N. Proclamation de Montureux. 31 Janvier 1816.*

(2) *A. N. ; F⁷ 9651. Montureux au min. de l'Intérieur.*

(3) *A. N. ; F⁷ 9651. Montureux au min. de l'Intérieur. 31 janvier 1816.*

maçonnerie reparait dans une autre lettre du baron de Montureux :

« Le foyer le plus actif des complots révolutionnaires est maintenant dans les loges de francs-maçons ; il est urgent que le gouvernement ait les yeux ouverts sur eux. La loge de Périgueux qui sous le gouvernement de Bonaparte était très peu suivie, l'est maintenant extrêmement par les Jacobins. Ils viennent même d'ajouter à grands fracas une maison » (1).

L'arrogance de la noblesse ne faisait qu'exciter les sentiments antiroyalistes du peuple et des officiers en demi-solde. C'est ainsi qu'à l'occasion de l'anniversaire de l'exécution de Louis XVI, des enfants promenèrent un homme de paille sans tête qu'ils jetèrent ensuite dans la boue avec des démonstrations outrageantes, puis recommencèrent cette procession avec « un homme de paille ayant de très grosses jambes et une tête de mouton qu'ils donnèrent à manger aux chiens ». Le préfet répondait à ces manifestations en emprisonnant les parents des enfants.

Les troupes étaient restées attachées au souvenir de Napoléon ; le colonel de la Légion de la Dordogne trouvait, au cours d'une inspection, des cocardes tricolores et des aigles dans les sacs de plusieurs soldats (2) ; la mise en jugement et la condamnation de ces militaires à six mois de prison ne faisaient qu'attiser la haine de l'armée pour les Bourbons. — Le 13 février 1816, vers cinq heures du soir, un détachement de la garde natio-

---

(1) *A. N. ; F⁷ 9651. Montureux au min. de l'Intérieur. 2 février 1816.*

(2) *A. N. ; F⁷ 9651. Montureux au min. de l'Intérieur, 17 février 1816.*

nale de Bergerac passait à Villamblard en chantant et criant : « Vive le Roi ! » quand on cria soudain d'une maison voisine : « A bas le Roi ! A bas les Bergeracois ! Vive l'Empereur ! » Le commandant du détachement, pour punir les habitants veut prendre des logements dans la commune pour sa troupe, et dans son exaspération rosse le secrétaire de la mairie. Les paysans accourent au secours de celui-ci, armés de fusils, de broches, etc..., sonnent le tocsin, et une véritable bataille est sur le point de s'engager, quand la gendarmerie arrive et sépare les combattants. (1)

Au lieu de chercher à calmer les esprits, le préfet de la Dordogne multiplie les arrestations arbitraires, les perquisitions, les vexations inutiles ; pendant les mois de février et mars 1816, il met la Dordogne sous un régime de véritable terreur : une servante nommée Madeleine Vincent est emprisonnée pour avoir dit que Bonaparte était sur le point de revenir ; un journalier, Louis Chavannes, est arrêté pour « avoir dit entre autres choses qu'il aimerait mieux une république que le règne de Louis XVIII ». (2)

Afin de purger son département des républicains et des bonapartistes qui l'infestaient, le baron de Montureux adresse au ministre de l'intérieur un très curieux tableau de tous ceux qu'il désire envoyer en surveillance dans un autre département ; nous reproduisons intégralement ce document qui est caractéristique :

---

(1) *Lettres de Montureux du 17 février et du 15 février 1816. A. N.; F⁷ 9651.*

(2) *A. N.; F⁷ 9651.*

LISTE

des individus les plus dangereux du département de la Dordogne, et qu'il conviendrait d'envoyer en surveillance dans un autre département.

ARRONDISSEMENT DE PÉRIGUEUX

Giry, avoué à Périgueux, ancien membre du comité révolutionnaire, il professe les opinions les plus violentes ; d'un caractère sombre, l'un des chefs de la fédération et celui qui l'a le plus provoqué ; obstinément attaché aux principes les plus démagogiques, l'âme, le conseil, et le directeur général du parti révolutionnaire de l'arrondissement, il disait, il n'y a pas longtemps : *Encore quelques jours et le règne de la liberté va revenir et pour ce coup, il durera.*

Grand, avocat à Thenon. De l'esprit et de la souplesse, des moyens étendus. C'est le chaînon qui lie les jacobins de Sarlat à ceux de Périgueux. Membre du Conseil des Cinq-Cents, il fut un de ceux qui contribuèrent le plus vivement à faire déclarer la patrie en danger. A abandonné ses collègues du Conseil général au 20 mars 1815. Nommé quelques jours après sous-préfet à Sarlat, il publia une adresse dans laquelle il se vantait que ni lui, ni aucun habitant de sa commune ne s'étaient souillés en portant les couleurs odieuses des Bourbons ; et, six jours auparavant, il avait signé une adresse au Roi, pleine des sentiments les plus honorables.

Lajugie, propriétaire à l'Abbaye de Chamelade. Jacobin prononcé, un des principaux fédérés. Peu de moyens, mais audacieux et impudent. Sous le gouvernement de Bonaparte, placé, à raison de ses propos révolutionnaires, en surveillance à Eynset, sa maison est l'asile de tous les scélérats. On a fortement soupçonné que le général Clauzel y avait été caché. Elle a été pendant deux mois le refuge du sieur Trompéo, ancien sous-préfet de Nontron, et l'un des agents les plus actifs de la faction qui rappela l'usurpateur. Il pervertit l'opinion du paysan de son canton.

Dupuy, médecin à Sorges. Notoirement connu pour tenir un bureau de correspondance qui reçoit et transmet dans ce département les nouvelles les plus dangereuses. Président des fédérations de son canton, il tient les propos les plus outrageants contre la famille royale. C'est chez lui qu'on a trouvé dernièrement des armes de toute espèce et plusieurs paquets de cartouches. Il exerce une dangereuse influence dans son canton. Il a un frère, ex-officier, tout aussi mauvais que lui.

ARRONDISSEMENT DE NONTRON

Boyer, avoué à Nontron. Jacobin prononcé et constant. Le confident et l'associé de Trompéo au 20 mars ; chef des fédérations, sous-préfet pendant l'usurpation. Aussi dangereux par ses moyens que par ses principes, exerçant une malheureuse influence sur l'opinion par les relations que lui donne son état. C'est le conseil de tous les coquins de son arrondissement.

Meynard, notaire à Thiviers. Très mauvais dans un pays qui est lui-même mauvais. Chef de fédération, se permet les propos les plus odieux contre la famille royale ; a insulté la voiture de S. A. R. Monseigneur le duc d'Angoulême à son dernier passage. Regardé comme l'agent du parti révolutionnaire dans son canton.

De France aîné, avocat à Mareuil. — Des opinions outrées et qui ne se sont jamais démenties, membre d'un tribunal révolutionnaire créé à Périgueux par le régicide Lakanal ; l'un des agents les plus actifs de Trompéo au 20 mars. A employé tous les moyens pour soulever la troupe en garnison à Mareuil pendant les mois d'août, de septembre et d'octobre. Tient tous les fils du parti révolutionnaire de son canton. Tout récemment vient, en se tenant derrière le rideau, d'exciter de misérables coquins contre Monsieur Derein, maire, et l'un des membres de notre députation, ce qui a déterminé le Préfet à l'envoyer en surveillance à Bergerac.

ARRONDISSEMENT DE BERGERAC

Boyer, huissier à Bergerac. Chef de fédération, répand habituellement des nouvelles alarmantes. Un des limiers les plus actifs du parti révolutionnaire, d'un zèle dangereux pour seconder toutes les dispositions des Jacobins.

Roland jeune, ancien négociant à Bergerac. Dans tous les temps de la Révolution a professé les principes les plus outrés.

Maury, officier retraité à la Monzie. Partisan outré de Bonaparte, fédéré, manifeste dans toutes les circonstances sa haine pour les Bourbons, empoisonne l'opinion de son canton, dangereux par son audace.

Ponteri-Escot, père et fils aîné, propriétaires à Bergerac.

Le père, ancien garde du corps, embrassa la Révolution avec ardeur, fut le conseil et l'agent de Lakanal; n'a pas cessé d'être intimement lié avec les Jacobins les plus outrés qu'il dirige, mais par des fils imperceptibles, dans la crainte de compromettre sa fortune qui est considérable. Le fils partage les idées du père. Cette famille ne peut appartenir qu'au parti révolutionnaire ; tout ce qu'il y a d'honnête la repousse, quand, si ses opinions et sa conduite eussent été bonnes, elle devait y figurer honorablement.

ARRONDISSEMENT DE SARLAT

Vosanges, avoué à Sarlat. Chef de fédération, jacobin outré, l'un des directeurs du mouvement insurrectionnel qui eut lieu à Sarlat le 16 juillet dernier ; il a tenté de faire assassiner un garde du corps, depuis la rentrée du Roi. Protecteur-né de tous les coquins livrés au tribunal de Sarlat. Egare l'opinion publique par tous les moyens possibles.

Lafon de Pouguifier, avoué à Sarlat. C'est un des hommes qui a le plus contribué à corrompre l'esprit de cette ville : il était l'orateur des fédérés. C'est encore lui qui trace à chacun des coquins la marche qu'il doit suivre et qui souffle dans les cœurs la haine du gouvernement royal. Il a tenu des propos abominables sur les officiers qui faisaient partie du conseil d'administration d'un régiment en garnison à Sarlat.

Olier, ex-capitaine adjoint à l'état-major de la 21e division militaire, demeurant à Sarlat. Tout ce que la fureur, dans son délire, a pu se permettre d'outrageant et d'odieux contre la famille des Bourbons, il l'a proféré constamment pendant l'usurpation A la rentrée du Roi, il annonça hautement qu'il allait s'établir chef de partisans. C'est un homme à frapper, ne fût-ce que pour faire un exemple sur les militaires renvoyés dont les sentiments sont en général mauvais.

ARRONDISSEMENT DE RIBÉRAC

Lamarque, juge de paix à Moupon. Frère du régicide de ce nom. C'est une famille généralement méprisée et que les souvenirs les plus déshonorants attachés à plusieurs jugements poursuivent dans l'opinion publique. Le juge de paix a d'ailleurs constamment partagé les opinions du régicide et a été pour ainsi dire le ministre de sa puissance révolutionnaire. Sa présence dans le pays fait un ravage affreux par les mauvais sentiments qu'il entretient à l'aide de l'empire que lui donne sur les esprits faibles une longue influence.

Charousseil-Périgord, médecin à Venteillac. Son père n'a dans le temps échappé à la corde que par défaut de preuves suffisantes. Lui-même a donné à plein collier dans le parti révolutionnaire et parcourait pendant l'usurpation les campagnes pour y pervertir le peuple et l'exciter à la haine contre les Bourbons. Courtier de dénonciations, il obséda tellement les généraux Pinoteau et Lucotte qu'ils le repoussèrent. C'est un homme très dangereux par son importance et son activité.

Desvernines, huissier à Ribérac. D'une basse extraction, mais ayant fait une fortune considérable pour ce pays. Jacobin prononcé, chef de fédération prêchant

également dans les campagnes pour y pervertir l'opinion. A tenu les propos les plus outrés au retour du
Roi et est encore le principal agent du parti révolutionnaire dans l'arrondissement.

Périgueux le 6 mars 1816.

Le préfet du département,
Le baron de Montureux.

Le préfet de la Dordogne faisait d'ailleurs tout ce
qu'il pouvait pour réveiller les haines politiques. C'est
ainsi que le 21 mars 1816 il faisait célébrer en grande
pompe un service funèbre en l'honneur de l'anniversaire de la mort du duc d'Enghien (1). Par un arrêté du
6 février il prescrivait d'arracher les « arbres dits de
liberté » et de les remplacer par des bustes de « notre
bon Roi. » (2)

Le tribunal de Périgueux, qui méritait toute la confiance du gouvernement, disait Montureux, condam-
nait à trois mois de prison un officier nommé Lamberty
pour avoir traité un factionnaire « de sot, blanc-bec,
et ajouté que les corneilles de son espèce ne feraient
pas trembler les aigles de Paris. » (3). Un ouvrier cor-
royeur nommé Méda, soupçonné d'avoir caché une
aigle, était mis en prison, bien qu'on n'eût rien trouvé
chez lui, mais uniquement parce qu'il avait « la plus

----

(1) *Montureux au min. de l'intérieur 24 mars 1816. A. N. F⁷ 9651.*
(2) *Montureux au min. de l'intérieur 26 Mars 1816. A. N. F⁷ 9651.*
(3) *Montureux au min. de l'Intérieur 24 Mars 1816 A. N. F⁷ 9651*

mauvaise réputation surtout sous le rapport des principes politiques » (1) ; on ne le relâcha qu'après l'avoir obligé à payer deux cents francs qu'un voisin compatissant avança.

Plus il allait, d'ailleurs, plus le baron de Montureux se montrait intolérant et arbitraire ; il voulait faire révoquer tous les prêtres dont les idées étaient hostiles au gouvernement. Beaucoup de membres du clergé trouvant en effet excessif le zèle du préfet, prenaient la défense de leurs fidèles injustement dépouillés ou emprisonnés. Mais rien n'arrêtait l'ardeur de Montureux qui saluait avec joie l'établissement d'une cour prévôtale à Périgueux et écrivait au ministre de l'intérieur : (2)

« Monseigneur,

« J'ai l'honneur d'informer Votre Excellence que la Cour prévôtale du département de la Dordogne a été installée aujourd'hui en séance publique. C'est d'après mes vives sollicitations que Monsieur le président du tribunal de cette ville s'est déterminé à cette installation dont il avait été chargé par Monsieur le procureur général près la Cour royale de Bordeaux, mais à laquelle il croyait devoir ne pas procéder, attendu que Monsieur le colonel Montel, prévôt, ne s'est pas encore présenté et n'a donné aucune de ses nouvelles. C'est Monsieur de Janzillon, chef d'escadron de la gendarmerie, qui le remplacera jusqu'à son arrivée. Je vois avec d'autant plus de plaisir ce brave commandant chargé de ces fonctions importantes, qu'il est aussi

---

(1) *Montureux au min. de l'Intérieur 21 septembre 1816. A. N. F⁷ 9651.*

(2) *A. N.; F⁷ 9651 Montureux au min. de l'intérieur. Périgueux 25 mai 1816.*

juste, aussi intègre que dévoué. J'ai d'autant plus pressé Monsieur le président pour que cette installation eût lieu aujourd'hui, qu'elle sera connue aussitôt dans tout le département par l'effet d'une foire qui attirera après-demain à Périgueux un grand concours d'habitants, et que le nom seul de cette Cour en impose aux factieux. D'un autre côté, ceux-ci ne compteront plus sur l'indulgence qu'ils pouvaient espérer étant traduits devant les tribunaux ordinaires et particulièrement devant la Cour d'Angoulême, où ils sont presque toujours sûrs d'être acquittés ou d'obtenir une diminution de peine, en y appelant après avoir été condamnés par les tribunaux de mon département. Je pourrais en citer plusieurs exemples à Votre Excellence. Tel que dans l'affaire du sieur Lamberty, ex-major de cuirassiers, qui après avoir été condamné par le tribunal de Périgueux à trois mois d'emprisonnement et à une amende égale à 6 fois le montant de ses impositions mobilières, et aux dépens, pour avoir insulté une sentinelle placée près le magasin à poudre de cette ville, a été acquitté par la Cour d'Angoulême. Ce premier jugement avait produit le meilleur effet, attendu que cet officier professe les principes les plus détestables, principes qu'il a manifestés même dans les injures qu'il fit à cette sentinelle, en lui disant que les corneilles de son espèce ne feraient pas trembler les aigles de Paris. Mais ce propos fut écarté n'étant pas assez expressif.

« Je parlerai aussi de quelques mauvais sujets de la commune de Thenon condamnés pour avoir arraché à quelqu'un la cocarde blanche et dont la peine a été réduite à presque rien.

« Enfin, Monseigneur, j'attends les meilleurs résultats de la Cour prévôtale de mon département où les malveillants ne sont que trop audacieux. »

Cependant les prévisions du préfet ne se réalisèrent pas ; l'établissement de la Cour prévôtale ne calma pas les esprits. Les habitants de la Dordogne ne négligeaient aucune occasion de manifester leur hostilité pour le gouvernement des Bourbons ; la nouvelle de l'exécution de Didier à Grenoble causait une indignation générale. Changeant alors de tactique, le baron de Montureux essayait de démontrer à ses administrés qu'en se ralliant au gouvernement des Bourbons ils soigneraient leurs intérêts pécuniaires.

Ni la violence, ni l'espionnage, ni la fausse bonhomie successivement employés par le préfet ne produisaient de résultat. Lui-même le constatait: « Les malveillants poussent la sottise jusqu'à vouloir persuader au peuple qu'il doit voir dans la lune les trois couleurs, que par conséquent la volonté du ciel est qu'on les reconnaisse. Ces absurdités, toutes ridicules qu'elles sont n'agissent pas moins sur les esprits et nuisent considérablement, puisqu'elles tiennent le peuple dans un état d'incertitude et qu'elles empêchent la confiance de renaître. Il est si facile à tromper que je suis instruit que dans plusieurs communes du département des individus se réunissent le soir, afin de voir dans la lune les couleurs tricolores » (1).

Les pamphlets se répandaient dans les campagnes et Montureux signale entre autres celui-ci : (2)

---

(1) *A. N. ; F. 7 9651. Montureux au min. de l'Intérieur, 3 janvier 1817.*

(2) *A. N. ; F. 7 9651.*

THÉATRE
des acteurs ambulants au château des Tuileries

Pour la représentation de retraite des émigrés et des calotins :

Le Roi paternel ou la loi d'amnistie — Parade dans laquelle Monsieur Louis Cotillon remplira le rôle de Tartufe.

Suivie :

De la deuxième représentation du *Retour des Anglais ou A moi les Alliés,* — petit à propos du Père la Charte.

Le spectacle finira par la dernière représentation du *Départ précipité,* — pantomime jouée il y a 20 mois à la grande satisfaction du public, — pièce redemandée.

Terminée par : *Le Triomphe de la liberté Nationale.*

NOTA. — Les acteurs étant pressés de partir pour Londres, on invite les provinciaux à se rendre dans le plus bref délai à Paris, s'ils veulent jouir du spectacle.

Les habitants de la Dordogne n'avaient aucun respect pour ce pauvre Louis XVIII ; le préfet avouait que les « factieux » ne se gênaient pas pour faire des gorges chaudes du Roi et que les plaisanteries contre le gouvernement étaient accueillies avec joie. Un huissier nommé Debidoux qui était poursuivi pour avoir osé enlever « l'écusson aux armes de France et lacéré l'image de Sa Majesté qui se trouvait sur une carte chronologique des Rois », était acquitté par le tribunal de Nontron et porté en triomphe par la foule (1).

Les nouvelles les plus extraordinaires circulaient à Périgueux, où on annonçait que « S. A. R. Monsieur le Duc d'Angoulême ayant proposé au Roi de rétablir les dîmes et les droits féodaux, S. A. R. l'avait blessé d'un coup de pistolet sur le refus de S. M. d'accéder à cette proposition » (2).

Le gouvernement trouva sans doute que Montureux n'avait pas su faire assez apprécier les bienfaits de la Royauté en Dordogne, pendant son administration, car il remplaça ce préfet très zélé par Louis Pépin de Bélisle. Le baron de Montureux reçut avec amertume la nouvelle de son déplacement et regimba un peu, car, disait-il, les habitants de la Dordogne ne se cachaient pas de déclarer qu'ils allaient maintenant pouvoir donner un libre cours à leurs opinions ; puis Montureux terminait en rappelant tous les dangers qu'il avait courus de la part des factieux qui s'étaient permis de désirer de le « voir assassiner et promettaient une récompense de 1.000 francs à celui qui le ferait » (3).

Montureux quitta Périgueux au milieu de février 1817. Son successeur semble s'être montré plus calme et plus adroit, car on ne trouve pas dans ses rapports des prouesses dans le genre de celles qu'avait accomplies son prédécesseur en poursuivant à tort et à travers de paisibles citoyens. Sans doute on rencontre encore des

---

(1) *A. N. ; F⁷ 9651.*

(2) *A. N. ; F⁷ 9651. Montureux au Min. de l'Intérieur, 5 février* 1817.

(3) *A. N. ; F⁷ 9651. Montureux au Min. de l'Intérieur, 7 février* 1817.

condamnations contre des officiers en demi-solde, par exemple la condamnation à trois mois de prison du sieur Lavialle, « sous-lieutenant à l'ex-15e régiment d'infanterie légère », coupable d'avoir arboré une cocarde tricolore à son chapeau et d'avoir crié aux gendarmes qui venaient l'arrêter « que c'était sa cocarde, qu'on pouvait bien arracher celle qu'il avait à son schako, mais qu'on ne lui enlèverait pas celle qu'il portait dans le cœur » (1). Mais ces condamnations deviennent de plus en plus rares, bien que l'esprit public ne se soit pas amélioré, que l'on fasse toujours circuler le bruit du retour de Buonaparte, et que l'on s'applique à perdre dans l'opinion publique « les princes et surtout l'héritier du trône » (2).

Le souvenir de Napoléon se conserva très vivace en Dordogne, où pendant toute la Restauration on acheta avec empressement les livres rappelant le souvenir « de l'Usurpateur, tels que Vie de Bonaparte, Vie du Maréchal Bertrand » (3). Aussi conçoit-on pourquoi la chute des Bourbons, en 1830, fut accueillie avec joie et accompagnée de bruyantes manifestations.

---

(1) A. N.; F7 9651. *Bélisle au Min. de l'Intérieur. 1er juillet 1817.*

(2) A. N.; F7 3979. *Rapports de gendarmerie : 1819.*

(3) A. N.; F7 3979. *Rapports de gendarmerie : années 1820, 1822, 1823.*

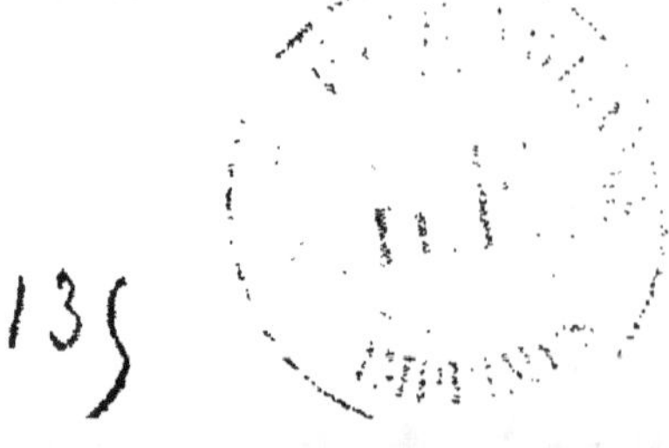

Imprimerie HERBIN, Montluçon.